ück, dann du

Erst ich ein Stück, dann du

Manfred Mai
Geheimnisvoller Besuch
in Klasse 1

Geheimnisvoller Besuch in Klasse 1

Manfred Mai

Mit Bildern von Marina Rachner

cbj ist der Kinder- und Jugendbuchverlag
in der Verlagsgruppe Random House

Verlagsgruppe Random House FSC-DEU-0100
Das für dieses Buch verwendete FSC®-zertifizierte Papier
Profibulk von Sappi liefert IGEPA.

Gesetzt nach den Regeln der Rechtschreibreform

1. Auflage 2012
© 2012 cbj, München
Alle Rechte vorbehalten
Buchidee und Konzept: Patricia Schröder
Umschlagbild und Innenillustrationen: Marina Rachner
Illustration Serienlogo: Ute Krause
Umschlaggestaltung: Anette Beckmann, Berlin
cl · Herstellung: hag/TK
Satz: dtp im Verlag, CF
Reproduktion: Lorenz & Zeller, Inning a. A.
Gesamtproduktion: Print Consult GmbH, München
ISBN 978-3-570-15547-9
Printed in the Czech Republic

www.cbj-verlag.de

Inhalt

Ich bin ich 7

Blitz und Donner .16

Ein besonderer Blick 26

Nicht zu fassen! .35

Wie in einem Traum 45

Unheimlich 56

Ich bin ich

Am Montagmorgen stand er plötzlich auf dem Pausenhof der Astrid-Lindgren-Grundschule. Die Kinder starrten ihn an, als wäre er ein Wesen von einem anderen Stern. Das Auffallendste an ihm waren seine golden schimmernden Strubbelhaare und sein nackter Oberkörper. Er trug eine knallgrüne Hose, und seine Füße steckten in roten Schuhen. Als die Kinder nach dem Gong in ihre Klassenzimmer gingen, trottete er hinter ihnen her und landete in der 1a.
Frau Eisleben, die Lehrerin, starrte ihn genauso verblüfft an wie die Kinder. „Was ... wer ... wer bist denn du?", fragte sie.

„Ich bin ich", antwortete der Junge.
„Und wie ist dein Name?"
Der Junge
guckte Frau Eisleben fragend an.
„Du musst doch einen Namen haben",
sagte sie.
Er zuckte mit den Schultern.

„Wie haben dich denn deine Eltern gerufen?", bohrte die Lehrerin weiter.

„Eltern?", fragte der Junge. „Was sind Eltern?"

Die Lehrerin runzelte die Stirn. „Was soll das? Willst du mich auf den Arm nehmen?"

„Wenn du das möchtest", antwortete der Junge.

„Also, das ist doch ..." Der Lehrerin fehlten die Worte.

„Was ist das?", fragte er.

Sie schluckte. „Wie kommst du überhaupt hierher?"

Wieder zuckte er mit den Schultern.

„Und warum bist du oben nackt?"

„Warum soll ich nicht nackt sein?"

„Weil sich das nicht gehört", sagte die Lehrerin jetzt einen Ton lauter. „Du siehst doch, dass die anderen alle bekleidet sind."

Der Junge schaute die Kinder an.

„Hat jemand etwas zum Anziehen
für ihn?", fragte die Lehrerin.
Jakob meldete sich.
„Meinen Pulli kann er haben,
mir ist es sowieso zu warm."
Er zog den Pulli über den Kopf
und gab ihn dem Jungen.

Der befühlte ihn mit den Fingern. „Der ist schön weich", sagte er und schlüpfte hinein.
„Du könntest wenigstens danke sagen", tadelte ihn die Lehrerin.
„Warum?"
„Weil man das sagt, wenn man etwas bekommt!"
„Wer ist man?"
Die Lehrerin atmete hörbar aus. „Wir alle!"
Der Junge wandte sich um. „Danke, man", sagte er zu Jakob.

„Ich heiße doch nicht man, ich heiße Jakob!"
„Aber sie hat gesagt, wir alle sind man", verteidigte sich der Junge.

Jakob zeigte ihm einen Vogel. „Bist du so blöd oder tust du nur so?"
Bevor der Junge etwas sagen konnte, ging die Lehrerin dazwischen. „Schluss jetzt! Ich bringe ihn zum Schulleiter, dann soll der entscheiden, was mit ihm geschieht."

Sie nahm den Jungen an der Hand
und verließ mit ihm das Klassenzimmer.
Sofort redeten die Kinder
aufgeregt durcheinander.
„Der hat nicht mal einen Namen",
sagte Lena.
„Und was Eltern sind,
weiß er auch nicht!",
sagte David.
„Der ist ganz schön dumm!"

„Mich würde interessieren, woher er kommt", murmelte Paulina.
„Wahrscheinlich vom Mars!", rief Yasin.
„Oder von der Müllkippe!", setzte David noch eins drauf.
Johanna kicherte. „Vielleicht ist er auch aus einem Ei geschlüpft."

Paulina tippte sich an die Stirn. „Ihr seid doof!"
„Dann sag doch du, wo er herkommt!", sagte David.
„Jedenfalls nicht von der Müllkippe", entgegnete Paulina. „Und aus einem Ei auch nicht."
„Aber irgendwo muss er ja hergekommen sein", sagte Johanna. „Oder glaubst du vielleicht, er ist draußen aus dem Boden gewachsen?"
„Quatsch!", sagte Paulina.
Während die Mädchen und Jungen weitere Vermutungen anstellten, öffnete sich die Tür, und Frau Eisleben kam mit dem Jungen zurück. Die Kinder schauten sie fragend an.
„Er bleibt jetzt erst mal bei uns", sagte die Lehrerin. Sie zeigte auf den freien Platz neben Luca. „Setz dich bitte dorthin!"

Der Junge ging durch die Reihen

und setzte sich neben Luca.

Der rückte ein Stück zur Seite.

„Ich beiße nicht", sagte der Junge.

Doch Luca schaute ihn an,

als sei er da nicht so sicher.

Blitz und Donner

Frau Eisleben tat so, als sei nichts Besonderes geschehen. Sie teilte Blätter aus und erklärte den Kindern, was sie machen sollten: „Das Häuschen mitten auf dem Blatt soll unsere Schule darstellen. Vor dem Eingang liegt die Schulstraße. Ihr sollt nun einen Stadtplan malen, auf dem die Straßen, die zu folgenden Gebäuden führen, eingezeichnet sind:

Rathaus

Kirche

Bücherei

Hallenbad

Elternhaus."

Weil die Kinder mit ihren Gedanken bei dem Jungen mit den golden schimmernden Haaren waren, konnten sie nicht richtig zuhören und guckten ziemlich ratlos aus der Wäsche.
„Welche Straßen soll ich zeichnen?", fragte Paul.
„Die, die zu den Gebäuden führen, die ich an die Tafel geschrieben habe", antwortete Frau Eisleben.

Pauls Blick zeigte ihr, dass er noch immer nicht verstanden hatte.

„Stell dir vor, du stehst vor dem Schulhaus", versuchte sie es nun anders. „In welche Richtung musst du gehen, wenn du zum Rathaus willst? Nach links oder nach rechts?"

Paul überlegte, schaute auf seine Hände und antwortete dann unsicher: „Nach links."

„Richtig", bestätigte die Lehrerin. „Und wenn du am Ende der Schulstraße bist, in welche Richtung musst du dann gehen?"

Pauls Gesicht wurde heller. „Jetzt verstehe ich!", sagte er.

„Ich nicht", murmelte Mia.

Und sie war nicht die Einzige. Frau Eisleben erklärte so lange, bis alle verstanden hatten, was sie tun sollten. Nur der Junge mit den golden schimmernden Haaren hatte keine Ahnung, wovon die Rede war.

Die Lehrerin sagte zu ihm: „Kannst du für uns ein Bild malen, auf dem wir sehen, wie es dort aussieht, wo du hergekommen bist?"

Der Junge zeigte ihr seine leeren Hände. „Womit soll ich malen?"

Die Lehrerin seufzte. „Luca, gib ihm bitte ein Blatt und leih ihm deine Farbstifte."

Luca guckte nicht gerade begeistert.

„Bitte", wiederholte die Lehrerin.
Da riss Luca ein Blatt aus seinem Zeichenblock und schob die Farbstifte wortlos in die Mitte des Tisches.
„Danke, Luca", sagte der Junge.
Luca brummte kaum hörbar: „Bitte."

Die Lehrerin zog die Augenbrauen hoch, und ein Lächeln huschte über ihr Gesicht. Sie blieb bei dem Jungen stehen und schaute ihm über die Schulter. Auch Luca zeichnete nicht mehr an seinem Stadtplan weiter, sondern schielte zu dem Jungen hinüber.
Der malte und malte.

Inzwischen standen alle Kinder um den Jungen herum und beobachteten gespannt das Entstehen des Bildes. Als es aussah, als sei er fertig, griff er nach der gelben Farbe und malte eine Zick-Zack-Linie an den Himmel.
„Soll das ein Blitz sein?", fragte Luca.
Der Junge nickte. Dann griff er nach dem schwarzen Stift und fuhr damit wild über das Bild.
„He, jetzt versaut er ja alles!", empörte sich Jakob.
Der Junge achtete nicht auf ihn. Er malte zum Schluss noch eine Art Rahmen um das Bild und zog durch die Mitte von oben nach unten einen Strich.
„Das ist ... das sieht ja aus wie ein Buch", murmelte Paulina.
Alexander nickte. „Ja, jetzt sehe ich es auch."
„Was soll das?", fragte die Lehrerin. „Warum malst du ein Buch?"

„Ich habe gemalt,
wo ich herkomme",
antwortete der Junge.
„Wie, wo du herkommst?",
fragte die Lehrerin verwirrt.

„Der spinnt", flüsterte Jakob seinem Freund Kenan zu.
„Er kommt ..." Paulina zögerte und schaute den Jungen an. „Du bist ... kommst du ... aus einem Buch?"
Der Junge nickte.
„Ich hab doch gesagt, dass der spinnt", sagte Jakob nun laut.
„Na, na, na!", tadelte ihn die Lehrerin. „Nun sei mal nicht so vorlaut!" Dann wandte sie sich wieder an den Jungen. „Äh, wie ... ich meine, was soll das heißen ... äh, also, das mit dem Buch?"
„Wir haben auf der Wiese Fußball gespielt ..."

„Du spielst Fußball?",
unterbrach ihn Yasin.
„Bist du gut?"
„Das ist doch jetzt nicht wichtig",
sagte die Lehrerin.
„Doch!", widersprach Yasin.
„Er soll erst mal weiterreden",
sagte Paulina.

Alle Augen richteten sich wieder auf den Jungen. Der begann noch mal von vorn.

„Wir haben auf der Wiese Fußball gespielt. Auf einmal hat sich der Himmel verdunkelt. Wir wollten noch zu Ende spielen, doch plötzlich hat es geblitzt und so furchtbar laut gedonnert, dass ich vor Schreck über den Ball gestolpert, aus dem Spielfeld und aus dem Buch gefallen bin."

„Das gibt's nicht", murmelte die Lehrerin, „das ist unmöglich."

„Wieso ist das unmöglich?", fragte der Junge. „Du siehst doch, dass ich da bin."

„Ja, das sehe ich", sagte die Lehrerin und konnte sich gerade noch ein „Leider" verkneifen.

„Was machen wir jetzt?", fragte der Junge.

„Wir machen Unterricht", antwortete die Lehrerin. „Dazu sind wir hier."

„Was ist Unterricht?"

„Die Kinder lernen Rechnen, Lesen, Schreiben und noch viele andere wichtige Dinge", antwortete die Lehrerin. „Das nennt man Unterricht."

„Wozu brauchen sie das?"

„Damit sie später ..."

Die Lehrerin stockte.

„Weißt du was:

Du bist jetzt mal eine Weile still

und schaust zu, was wir machen!"

Ein besonderer Blick

Nach einiger Zeit stand der Junge mit den golden schimmernden Haaren auf und schlenderte durchs Klassenzimmer.
„Wir laufen während der Stunde nicht herum!", sagte die Lehrerin.
„Aber nur dasitzen ist langweilig", entgegnete er.
„Dann musst du …"
In diesem Augenblick entdeckte der Junge den Ball neben Yasins Stuhl und schnappte ihn.

„He, das ist mein Ball!", rief Yasin.
„Dann hol ihn dir doch!"
Yasin sprang auf
und verfolgte den Jungen.
„Wirf ihn zu mir!", rief Luca.

Der Junge warf ihm den Ball zu. Yasin änderte blitzschnell die Richtung.
„Wirf zu mir!", rief Lena.
„Nein, zu mir!", rief Jakob.

Es dauerte keine Minute, dann beteiligten sich die meisten Kinder an dem Spiel. Dabei stieg der Lärmpegel rasch an. Frau Eisleben stand wie erstarrt vor der Tafel, weil sie so etwas noch nicht erlebt hatte und nicht für möglich gehalten hätte.

Gerade als Yasin nach dem Ball hechtete, wurde die Tür geöffnet, und Yasin schlitterte gegen die Beine eines Mannes. Es waren die Beine von Herrn Bachmeier, dem Schulleiter.

Hoppla!", sagte er.

„Was ist denn hier los?"

Yasin rappelte sich auf

und ging schnell zu seinem Platz.

Auch die anderen Kinder setzten sich.

Frau Eisleben drehte den Kopf

und sah den Schulleiter eigenartig an.

„Ist Ihnen nicht gut?", fragte er.
„Doch", antwortete sie und nickte.
„Dann machen Sie jetzt bitte mit dem Unterricht weiter", sagte der Schulleiter. „Aber etwas leiser, wenn ich bitten darf! Wir unterhalten uns nachher in der Pause." Kopfschüttelnd verließ er das Klassenzimmer. Frau Eisleben wandte sich den Kindern zu, sagte jedoch nichts.
„Bekommen Sie jetzt Ärger?", fragte Paulina leise.
Die Lehrerin zuckte mit den Schultern.

„Wieso soll sie Ärger bekommen?", wollte der Junge mit den golden schimmernden Haaren wissen. „Sie hat doch gar nichts getan."
„Aber wir!", rief Jakob.
„Dann müssen wir doch Ärger bekommen und nicht sie", meinte der Junge.
Jakob verdrehte die Augen. „Aber sie muss dafür sorgen, dass wir keinen Blödsinn machen. Kapiert?"

„Ach so." Der Junge mit den golden schimmernden Haaren wandte sich an Frau Eisleben, die immer noch keinen Ton herausbrachte. „Du musst ihm einfach sagen, dass Kinder viel Bewegung brauchen. Und dass sie nicht so langweilige Sachen lernen sollen wie Stadtpläne zeichnen", fügte er noch hinzu. „Ich schlage vor, wir gehen die Straßen entlang, dann wissen alle viel besser, wo die Gebäude sind, die du an die Tafel geschrieben hast."

„Au ja!", rief Yasin.
„Das machen wir!"
Und auch die meisten anderen Kinder
waren dafür.
Die Lehrerin schüttelte den Kopf.
„Wir können nicht einfach
durch die Stadt gehen,
das wäre viel zu gefährlich",
sagte sie nun.
„Dana und ich gehen nach der Schule
immer am Rathaus
und an der Kirche vorbei",
sagte Mia.
„Und uns ist noch nie etwas passiert."

„Ich fahre jeden Donnerstag mit dem Rad ins Hallenbad", rief David. „Und mir ist auch noch nie etwas passiert."

„Das mag ja alles sein ..."

„Und ich möchte sehen, was das für Gebäude sind", unterbrach der Junge mit den golden schimmernden Haaren die Lehrerin. „Nicht auf einem Stadtplan, sondern in der Stadt. Damit ich weiß, wie das Rathaus und die Kirche und die anderen Gebäude aussehen."

„Schluss jetzt! Wir gehen nicht ..."

Der Junge mit den golden
schimmernden Haaren
schaute Frau Eisleben tief in die Augen.
Sie konnte sich nicht
von seinem Blick lösen.

„Wir verlassen jetzt das Klassenzimmer und die Schule und gehen durch die Stadt zum Sportplatz", murmelte er. „Sprich mir nach: Wir verlassen jetzt das Klassenzimmer und die Schule und gehen durch die Stadt zum Sportplatz."

Frau Eisleben nickte und wiederholte den Satz: „Wir verlassen jetzt das Klassenzimmer und die Schule und gehen durch die Stadt zum Sportplatz."

„Nimm deinen Ball mit!", sagte der Junge zu Yasin.

Er und die anderen Kinder zögerten noch.

„Was ist?", fragte die Lehrerin. „Worauf wartet ihr?" Sie ging zur Tür und legte einen Finger auf den Mund. „Seid bitte leise, bis wir draußen sind!"

Auf Zehenspitzen schlichen die Kinder mit ihrer Lehrerin aus der Schule. Draußen wurden sie langsam lebhafter, flüsterten und tuschelten.

„Wie hast du das gemacht, dass sie tut, was du willst?", fragte Jakob den Jungen mit den golden schimmernden Haaren.

„Das kann ich eben."

„Hast du sie hypontiert oder wie das heißt?"

„Hypnotisiert", verbesserte ihn Luca.

Der Junge zog die Schultern hoch. „Keine Ahnung, wie das heißt."

„Kannst du das
mit allen Leuten machen?",
wollte Johanna wissen.
„Ich glaube schon."
„Das ist ja toll!", sagte Paul.
„Du musst unbedingt mit mir
nach Hause kommen
und das mit meiner Mama machen!"
„Mit meiner auch", sagte Johanna.
„Und mit meinem Papa."

Nicht zu fassen!

Nachdem Frau Eisleben den Kindern das Rathaus, die Kirche und die Bücherei gezeigt hatte, machten sie sich auf den Weg zum Bolzplatz, weil der richtige Sportplatz am Stadtrand und damit zu weit weg lag.
Sie wählten zwei Mannschaften und spielten Fußball. Frau Eisleben war Schiedsrichterin.
Nach zwanzig Minuten stand es 2:2. Da spielte der Junge mit den golden schimmernden Haaren den Ball zu David, der nur noch den Torhüter Luca vor sich hatte.

„Schieß!", rief der Junge.

Und David schoss,

aber der Ball flog nicht ins Tor,

sondern über den Zaun.

„Den musst du holen!", rief Yasin.

„Da komm ich aber nicht rüber."

„Mir egal! Ich will meinen Ball wiederhaben!", rief Yasin. „Sofort!"

„Kein Problem", sagte der Junge mit den golden schimmernden Haaren und zog an seinem linken Ohrläppchen.
Die Mädchen und Jungen und Frau Eisleben rissen Mund und Augen auf, denn sie konnten nicht fassen, was nun geschah. Der Junge schrumpfte und schrumpfte, bis er so klein war, dass er durch den Zaun spazieren konnte.

„Das gibt's nicht",
murmelte Frau Eisleben kopfschüttelnd.
„Das ist einfach unmöglich."
Die Kindern brachten vor lauter Staunen
kein Wort heraus.

Als der Junge drüben war, zog er an seinem rechten Ohrläppchen und wurde wieder größer. Er holte den Ball und kickte ihn zurück auf das Spielfeld. Dann zog er an seinem linken Ohrläppchen, bis er so klein war, dass er durch den Zaun passte. Drüben zog er an seinem rechten Ohrläppchen und wuchs wieder.
Die Kinder starrten ihn an wie das achte Weltwunder.
„Das möchte ich auch können", sagte Paul.
„Versuch es!", forderte der Junge ihn auf.
„Äh ... ich ..."
„Oder hast du Angst?"
„Ich ... äh ... nein."
„Dann los!"
Langsam hob Paul die Hand, nahm sein rechtes Ohrläppchen zwischen Daumen und Zeigefinger, hielt den Atem an – und zog vorsichtig.

Es geschah nichts.
„Du musst stärker ziehen!",
sagte der Junge.
Das tat Paul, doch er wuchs
keinen Millimeter.
„Bei mir klappt das nicht",
brummte er enttäuscht.
Auch ein paar andere Kinder
zogen vergeblich an ihren Ohrläppchen.

Sogar Frau Eisleben probierte es heimlich, denn sie wäre gern ein paar Zentimeter größer gewesen. Aber auch sie wuchs nicht.

„Wieso kannst du solche Sachen?", fragte Jakob den Jungen. „Bist du ein Zauberer?"

„Quatsch!", antwortete er. „Ich bin ein Junge wie du."

„Aber ich kann niemanden hypnodingsbums", entgegnete Jakob. „Und wenn ich an meinen Ohrläppchen ziehe wie ein Ochse, tut sich nichts."

„Zieh du mal an meinem Ohrläppchen", bat Paul den Jungen. „Vielleicht klappt's dann."

Der Junge zog, doch Paul blieb genauso groß wie zuvor.

„Kannst du noch mehr solche Sachen?",
fragte Mia.
„Was meinst du damit?"
„Vielleicht fliegen?"
„Ich bin doch kein Vogel",
sagte der Junge.
„Oder unsichtbar werden?",
fragte Luca.
Er schüttelte den Kopf
und lief auf den Platz.
„Los, wir spielen weiter!"

Nach zehn Minuten klatschte Frau Eisleben in die Hände. „Kinder, es ist Zeit! Wir müssen zurück!"
Einige wollten noch weiterspielen.
„Los, hypnotisier sie noch mal!", forderte Yasin den Jungen mit den golden schimmernden Haaren auf.
„Nein!", sagte Paulina. „Sonst bekommt sie Ärger mit Herrn Bachmeier. Wollt ihr das?"
Das wollte niemand, denn die Kinder mochten ihre Lehrerin.
Also machten sie sich auf den Rückweg.

Obwohl sie die Schule so leise betraten, wie sie sie verlassen hatten, kam Herr Bachmeier aus dem Rektorat und stellte sich Frau Eisleben in den Weg. „Wo waren Sie mit den Kindern?"

„Wir waren draußen, weil Kinder viel Bewegung brauchen", antwortete sie. „Und weil sie nicht so langweilige Sachen lernen sollen wie Stadtpläne zeichnen."

„Das ist doch ... Frau Eisleben, das wird ..."

Der Junge mit den golden schimmernden Haaren stellte sich zwischen die beiden.

„Was ist mit dir?", fragte der Schulleiter unwirsch. „Was willst du?"

Der Junge antwortete nicht,
sondern schaute ihm tief in die Augen.
Der Schulleiter konnte sich nicht
von seinem Blick lösen.

„Sprich mir nach!", sagte der Junge. „Ich werde nicht mit Frau Eisleben schimpfen. Denn es war gut, dass sie mit den Kindern hinausgegangen ist, weil Kinder viel Bewegung brauchen. Morgen dürfen alle Kinder hinausgehen."
Der Schulleiter gehorchte wie ein kleiner Junge und wiederholte: „Ich werde nicht mit Frau Eisleben schimpfen. Denn es war gut, dass sie mit den Kindern hinausgegangen ist, weil Kinder viel Bewegung brauchen. Morgen dürfen alle Kinder hinausgehen."
„Gut so", sagte der Junge zufrieden.

Während Frau Eisleben mit den Kindern ins Klassenzimmer ging, damit sie ihre Sachen holen konnten, machte der Schulleiter eine Durchsage: „Morgen findet der Unterricht nicht in den Klassenzimmern, sondern im Freien statt, weil die Kinder viel Bewegung brauchen."
Sekunden später hörte man im ganzen Schulhaus freudige Kinderstimmen.
„Gleich ist die Schule aus", sagte Frau Eisleben.
Sie schaute den Jungen mit den golden schimmernden Haaren an. „Wohin gehst du dann? Ich meine, du musst doch etwas essen und irgendwo übernachten."

„Ich weiß nicht, wohin ich gehen soll", antwortete er.
„Ich kenne ja niemanden hier."
„Doch, uns kennst du," widersprach David.
„Ja, schon, aber noch nicht richtig."

„Wenn du willst, kannst du mit mir
nach Hause gehen", sagte Paulina.
„Oder mit mir!", riefen einige.
Der Junge zeigte auf Paulina.
„Sie hat es als Erste gesagt.
Ich gehe mit ihr."

Wie in einem Traum

Paulina und Jakob wohnten im gleichen Haus, Dana und Kenan nur wenige Häuser entfernt. Deswegen gingen sie meistens gemeinsam nach Hause. Nur hatten sie heute noch den Jungen mit den golden schimmernden Haaren in ihrer Mitte.
Auf halber Strecke tauchten Axel und Lukas aus der achten Klasse plötzlich aus einer Seitenstraße auf und versperrten ihnen den Weg. Die beiden waren gefürchtet, weil sie immer wieder Kleinere piesackten.

„Was bist denn du
für ein komischer Knilch?",
fragte Lukas.
„Was ist ein Knilch?",
fragte der Junge zurück.
„Werd bloß nicht frech!"

„Was ist daran frech, wenn ich anständig frage, was ein Knilch ist?"
„Dir hau ich gleich eins aufs Maul!", drohte Lukas. „Dann fragst du gar nichts mehr!"

„Du meinst wohl, du wärst etwas Besonderes, weil du gelb gefärbte Haare hast", sagte Axel zu dem Jungen. „Wieso gefärbt?", fragte er. „Meine Haare sind nicht gefärbt, die sind so gewachsen."
„Du willst uns wohl verscheißern, was!", zischte Axel und packte ihn am linken Arm.

Der Junge zog blitzschnell
am rechten Ohrläppchen
und wuchs Axel in Sekunden
über den Kopf.
Der starrte ihn fassungslos an.

Und bevor er auch nur einen Ton herausbrachte, baumelte er am ausgestreckten Arm des Jungen mit den golden schimmernden Haaren.
„Nun sag mir mal, warum du so unfreundlich zu mir bist, obwohl ich dir und deinem Freund überhaupt nichts getan habe!"
„Ich ... du ... wir ...", stammelte Axel.
„Was ist? Kannst du nicht mehr richtig sprechen?"
„Doch ... aber ... wie ... das ist ..."
„Das ist nicht richtig, so unfreundlich zu sein. Wolltest du das sagen?"
Axel nickte.
Lukas hatte sich inzwischen von seinem ersten Schreck erholt und rannte davon, als sei der Teufel persönlich hinter ihm her.

Der Junge mit den golden schimmernden
Haaren stellte Axel auf den Boden.
„Geh zu deinem Freund
und sei nie wieder so unfreundlich zu mir
oder zu anderen Kindern!"
Wieder nickte Axel.
Dann drehte er sich um
und folgte seinem Freund.

Der Junge zog an seinem linken Ohrläppchen und wurde wieder kleiner.
„He, das war super!", sagte Kenan. „Axel hat aus Angst wahrscheinlich in die Hose gemacht."
Dana kicherte.
„Die zwei lassen uns jetzt bestimmt in Ruhe", meinte Jakob.

„Solange ..." Paulina stockte und schaute den Jungen mit den golden schimmernden Haaren an. „Wir wissen immer noch nicht, wie du heißt." Sie zeigte auf sich. „Ich heiße Paulina." Ihren Namen wiederholte sie extra langsam: „Pau-li-na."

„Und ich heiße Jakob", sagte Jakob. Dabei stieß er sich den Zeigefinger gegen die Brust.

Da begriff der Junge, was sie von ihm wissen wollten, zeigte auf sich und sagte: „Ich heiße Umbalu."

„Umbalu", wiederholte Kenan. „Das ist ein komischer Name."

„Dann ist Kenan auch komisch", sagte Jakob.

Kenan boxte Jakob gegen den Arm.

„Hört auf mit dem Quatsch!", schnauzte Paulina. „Jeder heißt so, wie er heißt."

Sie gingen weiter, bis sie vor dem Haus standen, in dem Paulina und Jakob wohnten.

„Das ist aber groß", staunte Umbalu.
„Da wohnen auch sechs Familien drin",
sagte Jakob.
„Was sind Familien?", fragte Umbalu.
Gemeinsam versuchten sie,
es ihm zu erklären.
Umbalu nickte mehrmals,
aber sie sahen ihm an,
dass er nicht richtig verstand.
„Komm mit, dann siehst du es!",
sagte Paulina schließlich
und ging mit ihm ins Haus.

Paulinas Mutter staunte, als sie Umbalu sah. Und als Paulina ihr erzählte, woher er kam, schüttelte sie ungläubig den Kopf. „Das ist doch irgend ein Spiel oder ein Test oder so etwas Ähnliches", meinte sie.

Auch Paulinas Vater glaubte nicht, dass Umbalu aus einem Buch gefallen war. „Das ist Unsinn! So etwas gibt's nur in Science-Fiction-Romanen oder -Filmen. Also, wer hat dich zu uns geschickt?"

„Niemand hat mich geschickt", antwortete Umbalu.

„Aber du ..."

„Papa, lass Umbalu bitte in Ruhe", bat Paulina. „Er hat bestimmt Hunger und möchte lieber etwas essen als ausgefragt werden. Und ich habe auch Hunger."

„Umbalu", brummte der Vater. „Den Namen hat sich garantiert jemand ausgedacht, um uns in die Irre zu führen."

„Papa!", rief Paulina empört.

„Jetzt essen wir erst mal", sagte die Mutter beschwichtigend. „Dann sehen wir weiter."

Sie stellte noch ein Gedeck für Umbalu auf den Tisch und holte die selbst gemachte Lasagne aus dem Backofen.

Paulina legte Umbalu und sich ein Stück auf den Teller. Umbalu bedankte sich und griff mit den Fingern nach der Lasagne.

„Was machst du?", fragte die Mutter.
„Ich möchte essen."
„Aber doch nicht mit den Fingern!"
„Warum nicht?"
Der Vater rollte mit den Augen.
„Weil man bei uns nicht
mit den Fingern isst,
sondern mit Messer und Gabel!"
„Was sind Messer und Gabel?"

„Also, das ist ... das gibt's doch nicht!", sagte der Vater schon ziemlich genervt. „Du willst uns wohl auf den Arm nehmen!"
„Soll ich?"
„Was soll ich?"
„Euch auf den Arm nehmen", antwortete Umbalu.
„Jetzt reicht's mir aber langsam! Ich habe keine Lust, mich von dir ..."
„Papa, Umbalu kann ..."
Weiter kam Paulina nicht, denn Umbalu zog schon an seinem rechten Ohrläppchen. Paulinas Eltern rissen Mund und Augen auf, als sie sahen, wie Umbalu größer und größer wurde.

Er zog am Ohrläppchen, bis er mit dem Kopf an die Decke stieß. Dann nahm er Paulinas sprachlosen Vater auf den rechten Arm, ihre ebenso sprachlose Mutter auf den linken und trug sie um den Tisch herum.
„Gefällt euch das?", fragte er.
Sie waren immer noch sprachlos.
„Lass sie runter", bat Paulina.
Umbalu stellte beide vorsichtig auf den Boden, zog am linken Ohrläppchen und schrumpfte.
„Kneif mich mal", murmelte der Vater. „Das muss ein Albtraum sein."
„Ich befürchte, das ist kein Traum", gab die Mutter kaum hörbar zurück. „Auch wenn ich das alles nicht begreifen kann."
„Können wir jetzt endlich essen?", fragte Paulina. „Sonst wird die Lasagne kalt."
Ihre Eltern setzten sich wie artige Kinder an den Tisch, doch ihnen war der Appetit vergangen.
Paulina zeigte Umbalu, wie man mit Messer und Gabel isst.

„Mhhh", machte er
nach den ersten Bissen.
„Das schmeckt sehr gut!"
„Danke", sagte die Mutter.
„Ich muss mich doch bedanken",
entgegnete Umbalu,
„weil ich etwas bekomme. Danke!"

Unheimlich

Nach dem Essen sollte Paulina ihre Hausaufgaben machen.
„Was sind Hausaufgaben?", wollte Umbalu wissen.
„Hast du ... musstet ihr keine Hausaufgaben machen, da wo du herkommst?", fragte die Mutter.
„Nein."
„Ja ... aber ... dort gibt es doch bestimmt Schulen."
Er schüttelte den Kopf.
„Und wo habt ihr gelernt?"
„Überall", antwortete er.
„Was heißt überall?"
Umbalu wunderte sich über diese Frage. „Überall heißt überall."
„Aber du ... ihr ..."

„Mama, du machst ihn noch ganz verrückt
mit deinen Fragen!",
redete Paulina dazwischen.
„Ich muss doch wissen,
was das für ein Junge ist,
den du mitgebracht hast",
verteidigte sie sich.

„Ich habe dir doch erzählt, dass er aus einem Buch gefallen ist", sagte Paulina. „Dort war es ganz anders als bei uns. Deswegen weiß er vieles nicht. Dafür weiß er etwas anderes und kann tolle Sachen. Das hast du ja vorhin gesehen."
„Ja, ja", sagte ihre Mutter. „Aber du bist nicht aus einem Buch gefallen, deswegen machst du jetzt deine Hausaufgaben!"
„Ich möchte lieber mit Umbalu spielen!"
„Erst die Hausaufgaben, dann spielen!", erwiderte die Mutter.
Umbalu stellte sich vor sie hin und schaute ihr tief in die Augen. Sie konnte sich nicht von seinem Blick lösen.

„Sprich mir nach: Paulina muss jetzt keine Hausaufgaben machen, sondern darf mit Umbalu spielen", murmelte er. „Hast du gehört? Paulina muss jetzt keine Hausaufgaben machen, sondern darf mit Umbalu spielen."

Die Mutter nickte und wiederholte den Satz: „Paulina muss jetzt keine Hausaufgaben machen, sondern darf mit Umbalu spielen."

„Danke, Mama!", sagte Paulina. Sie nahm Umbalu an der Hand und lief mit ihm aus der Wohnung, aus dem Haus und zum Spielplatz. Dort schaukelten, wippten, rutschten und kletterten sie.

Im Lauf des Nachmittags kamen noch andere Kinder. Dann spielten alle miteinander verschiedene Spiele.

Ein paar größere Jungen tauchten auf
und wollten die Kinder vertreiben.
Da zog Umbalu
an seinem rechten Ohrläppchen.
Er wurde zu einem Riesen,
vor dem die Jungen flüchteten.

Beim Spielen vergaßen die Kinder völlig die Zeit. Sie merkten erst, wie spät es schon war, als es zu dämmern begann.
„Ich will nach Hause", nuschelte der kleine Linus. „Wenn es dunkel ist, hab ich Angst."
„Du brauchst keine Angst zu haben", sagte Umbalu. „Hier wird es nicht dunkel."
„Doch!", widersprach Linus und zog seinen großen Bruder am Ärmel. „Komm!"
„Nun stell dich nicht so an, du Angsthase!", schnauzte ihn sein Bruder an.
„Mama hat gesagt, wir müssen zu Hause sein, bevor es dunkel wird", ließ Linus nicht locker.
„Dann geh doch!"
„Alleine geh ich nicht", erwiderte Linus. „Du musst mitkommen!"

„Wir spielen das Spiel noch zu Ende!", sagte sein Bruder und warf den Ball nach Kenan. Der duckte sich blitzschnell und der Ball flog knapp über seinen Kopf. „Nicht getroffen, Schnaps gesoffen!", spottete Kenan. Paulina fing den Ball auf und versuchte nun, Kenan zu treffen. Doch auch sie verfehlte ihn.
„Ihr trefft mich nie!", rief er triumphierend.

So ging es noch eine Weile.
Und plötzlich wurde es
nicht mehr dunkler, sondern heller.
Umbalus Haare leuchteten
wie eine kleine Sonne.
Ein paar Kinder rannten schreiend davon.

Die anderen starrten Umbalu an, als würden sie einen Geist sehen. Linus versteckte sich ängstlich hinter seinem großen Bruder. „Der soll das Licht ausschalten", murmelte er mit weinerlicher Stimme.
„Erst willst du nicht, dass es dunkel wird, und jetzt hast du Angst vor der Helligkeit", sagte Umbalu. „Du musst dich schon entscheiden, was du willst."
„Ich will, dass du das Licht ausmachst", nuschelte Linus. „Du siehst so unheimlich aus."

Ausnahmsweise war sein Bruder mit ihm mal einer Meinung. „Du siehst wirklich unheimlich aus", sagte er zu Umbalu. „Wie machst du das?"
Umbalu zog die Schultern hoch. „Ich mache gar nichts, das geht von ganz alleine. Wenn es dunkel wird, beginnen meine Haare zu leuchten."
„Und wenn du schlafen willst?", fragte Paulina. „Oder schläfst du nicht?" Inzwischen würde sie auch das bei Umbalu nicht mehr überraschen.

„Natürlich schlafe ich",
antwortete Umbalu.
„Dazu ziehe ich eine schwarze Mütze
über meine Haare."
Er griff in seine linke Hosentasche,
holte die Mütze heraus,
setzte sie auf
und verbarg das Licht darunter.

„Nicht ganz dunkel machen!", bat Linus.
„Du weißt wirklich nicht, was du willst", sagte Umbalu.
„Doch!", widersprach Linus. „Ein bisschen Licht."
Umbalu schob die Mütze ein wenig zurück, so dass ein leuchtendes Haarbüschel zum Vorschein kam.
„So ist es gut", sagte Linus und zog seinen großen Bruder wieder am Ärmel. „Komm jetzt!"
„Gib endlich Ruhe!"
„Wir gehen auch nach Hause", sagte Paulina zu Umbalu. „Sonst schimpfen meine Eltern."
Auf dem Heimweg bat sie Umbalu, seine Mütze wieder ganz über die Haare zu ziehen, damit die Leute ihn nicht so anstarrten.
Zu Hause warteten Paulinas Eltern schon.

„Wo wart ihr denn so lange?", fragte die Mutter. „Du weißt doch, dass wir es nicht mögen, wenn es schon dunkel wird und du noch draußen bist."

„Es war ja gar nicht …"
Paulina stupste Umbalu in die Seite.
„Was ist?"
„Was war es gar nicht?", fragte der Vater.
„Was wolltest du sagen?"
„Er wollte sagen,
dass es noch gar nicht dunkel war",
antwortete Paulina schnell für Umbalu.

Ihr Vater wunderte sich. „Warum antwortest du für ihn?" Er schaute von Paulina zu Umbalu und wieder zu Paulina. „Ist etwa schon ... hat er ... hat er wieder etwas gemacht? Etwas wie das mit den Ohren?"
Paulina schüttelte den Kopf.
„Nimm doch deine Mütze ab", sagte die Mutter zu Umbalu.
„Nein, nicht!" Paulina hielt schnell Umbalus rechten Arm fest.
„Was soll denn das?", fragte ihre Mutter. „Also hier stimmt doch etwas nicht. Ich möchte ..."

In diesem Augenblick gingen in der Wohnung die Lichter aus.

„Was ist denn jetzt los?", hörte man die Mutter in die Dunkelheit fragen. „Warst du das, Umbalu?"

„Nein, ich habe nichts gemacht."

„Der Strom ist weg. Moment, ich hole eine Taschenlampe." Der Vater tappte durch den Raum. „Au, verdammt!", schimpfte er plötzlich.

Sekunden später wurde es wieder hell.

„Schon ist das ..." Der Vater verschluckte sich, als er sah, woher das Licht kam.

Die Mutter starrte Umbalu an und schüttelte den Kopf. „Das gibt's nicht", murmelte sie. „Das gibt es einfach nicht."

„Soll ich die Mütze wieder aufsetzen?", fragte Umbalu.

„Ja", sagte die Mutter.

„Nein", sagte der Vater.

Er rieb sich das Knie,

das er an die Tischkante gestoßen hatte.

„Es ist doch gut, dass Umbalus Haare leuchten", meinte Paulina und konnte sich ein Grinsen nicht verkneifen. „Sonst hättest du dir das andere Knie vielleicht auch noch angeschlagen."

„Mir wäre es trotzdem lieber, du hättest einen ganz normalen Jungen mitgebracht", sagte ihre Mutter. „Wer weiß, was er noch alles kann und macht."

Paulina lächelte. „Darauf bin ich schon gespannt."

LESEPROBE

Ein verrückter Schulausflug

Als Melf und Leonie frühmorgens den Schulhof betraten, stand der Bus schon da. Die Zweitklässler von Herrn Adel und Frau Blume wollten heute einen Ausflug machen.
„Einen Ausflug ins Ungewisse", hatte Herr Adel, der Klassenlehrer der 2a gesagt, denn er mochte es gern geheimnisvoll.
Frau Blume hatte es ein wenig anders ausgedrückt. „Ein Überraschungsausflug", war ihre Umschreibung gewesen. Sie leitete die 2b und liebte nichts mehr auf der Welt als unvorhersehbare Ereignisse.

Leonie und Melf waren Zwillinge.
Melf ging in die 2a und Leonie in die 2b.

Der Schulleiter hatte es nämlich besser gefunden, wenn sie getrennt unterrichtet wurden. „Zwillinge hängen immer zusammen", hatte er gemeint. „Sie machen alle Aufgaben gemeinsam und finden keinen Anschluss an die anderen Kinder. Außerdem können die Lehrer sie nicht unterscheiden."
Auch Melf und Leonie sahen sich zum Verwechseln ähnlich, obwohl sie ein Junge und ein Mädchen

waren. Beide trugen ihre roten Haare bis zur Schulter, außerdem waren sie gleich groß. Nur wenn Leonie einen Rock anzog, konnte man sie auf den ersten Blick von ihrem Bruder unterscheiden.

Melf und Leonie hatten viele Freunde.
Leonies Lieblingsfach war Mathe
und Melf mochte Sachkunde gern.
Heute trug Leonie wieder einen Rock.
Aber sie war nicht Leonie,
sondern Melf.

„Hallo, Anna", sagte Melf, als er in den Bus stieg.

„Hallo, Leonie", erwiderte Anna. Sie war Leonies beste Freundin und saß ganz vorn in der zweiten Reihe gleich hinter Frau Blume. „Ich hab dir einen Platz frei gehalten."

„Danke", sagte Melf grinsend, nahm seinen Rucksack herunter und ließ sich neben Anna auf die Sitzbank fallen. Er war sehr gespannt, ob sie irgendwann dahinterkam, dass er nicht Leonie war, oder ob seine Zwillingsschwester und er ihre Tarnung bis zum Nachmittag aufrechterhalten konnten.

Weil Herr Adel ein sehr ordnungsliebender Mensch war, hatte er darauf bestanden, dass die Kinder der beiden Klassen sich nicht miteinander vermischten. Und deshalb hatte die Klasse 2a auf der rechten und die 2b auf der linken Seite Platz genommen.

Leseprobe aus:
»Erst ich ein Stück, dann du
3 Schulgeschichten«
von Patricia Schöder

Patricia Schröder

Groß ist der Schritt vom Vorlesebuch zum Erstlesebuch, wenn man Leseanfänger ist. Darum schlagen viele Eltern ihren Kindern vor:
»Lass uns gemeinsam lesen. Erst ich ein Stück, dann du, wir wechseln ab.«

Gefördert und empfohlen von der Stiftung Lesen.

Ein Drachenfreund für Linus
80 Seiten, farbig illustriert
ISBN 978-3-570-12971-5

Kleines Pony, großes Glück
80 Seiten, farbig illustriert
ISBN 978-3-570-13182-4

Leo und das Mutmach-Training
80 Seiten, farbig illustriert
ISBN 978-3-570-13310-1

Mirella und das Nixen-Geheimnis
80 Seiten, farbig illustriert
ISBN 978-3-570-13411-5

Camillo, ein Hund macht Ferien
80 Seiten, farbig illustriert
ISBN 978-3-570-13412-2

Eine Burg für Ritter Rudi
80 Seiten, farbig illustriert
ISBN 978-3-570-13547-1

Peggy, die Piratentochter
80 Seiten, farbig illustriert
ISBN 978-3-570-13644-7

Rivalen auf dem Fußballplatz
80 Seiten, farbig illustriert
ISBN 978-3-570-13708-6

Lisa rettet den Zauberwald
72 Seiten, farbig illustriert
ISBN 978-3-570-13709-3

Max und die Monsterfamilie
72 Seiten, farbig illustriert
ISBN 978-3-570-13710-9

www.cbj-verlag.de

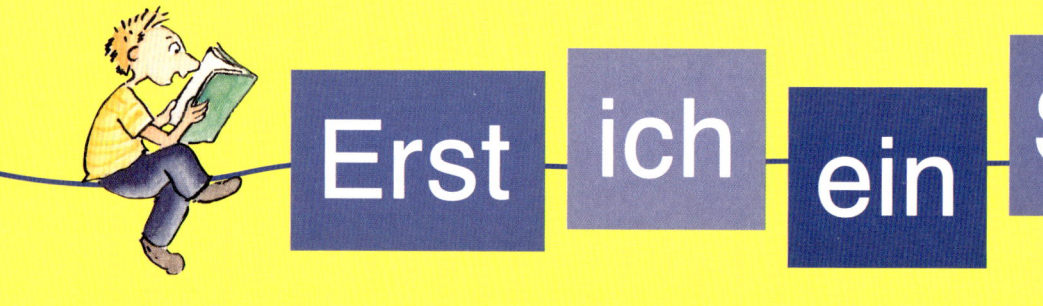